Imprimibles para infantil (Un libro de actividades para ayudar a los niños a aprender las horas- Relojes digitales Vol 2)

APRENDER LAS HORAS: UN LIBRO DE ACTIVIDADES TODO COLOR PARA NIÑOS DE 6 A 7 AÑOS

La dirección web de la versión descargable de este libro se puede encontrar en

Contraseña - P16

https://www.lipdf.com/product/1/
https://www.lipdf.com/product/2/
https://www.lipdf.com/product/3/
https://www.lipdf.com/product/4/
https://www.lipdf.com/product/5/
https://www.lipdf.com/product/6/
https://www.lipdf.com/product/7/
https://www.lipdf.com/product/8/
https://www.lipdf.com/product/9/
https://www.lipdf.com/product/10/
https://www.lipdf.com/product/41/
https://www.lipdf.com/product/42/
https://www.lipdf.com/product/43/
https://www.lipdf.com/product/44/
https://www.lipdf.com/product/45/
https://www.lipdf.com/product/46/
https://www.lipdf.com/product/47/
https://www.lipdf.com/product/48/
https://www.lipdf.com/product/49/
https://www.lipdf.com/product/50/

RELOJES DIGITALES

1. ¿QUÉ RELOJ MARCA LAS 1 Y MEDIA?

MARCA LA RESPUESTA CORRECTA

2. ¿QUÉ RELOJ MARCA LAS 11 Y MEDIA?

MARCA LA RESPUESTA CORRECTA

3. ¿QUÉ RELOJ MARCA LAS 6 Y MEDIA?

MARCA LA RESPUESTA CORRECTA

RELOJES DIGITALES

1. ¿QUÉ RELOJ MARCA LAS 11 Y MEDIA?

2:30   8:30   11:30

MARCA LA RESPUESTA CORRECTA

2. ¿QUÉ RELOJ MARCA LAS 4 Y MEDIA?

6:30   4:30   7:30

MARCA LA RESPUESTA CORRECTA

3. ¿QUÉ RELOJ MARCA LAS 2 Y MEDIA?

2:30   9:30   11:30

MARCA LA RESPUESTA CORRECTA

1. ¿QUÉ RELOJ MARCA LAS 5 Y MEDIA?

9:30   5:30   8:30

☐   ☐   ☐

MARCA LA RESPUESTA CORRECTA

2. ¿QUÉ RELOJ MARCA LAS 10 Y MEDIA?

3:30   10:30   12:30

☐   ☐   ☐

MARCA LA RESPUESTA CORRECTA

3. ¿QUÉ RELOJ MARCA LAS 2 Y MEDIA?

7:30   2:30   11:30

☐   ☐   ☐

MARCA LA RESPUESTA CORRECTA

RELOJES DIGITALES

1. ¿QUÉ RELOJ MARCA LAS 2 Y MEDIA?

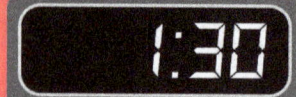  

MARCA LA RESPUESTA CORRECTA

2. ¿QUÉ RELOJ MARCA LAS 7 Y MEDIA?

 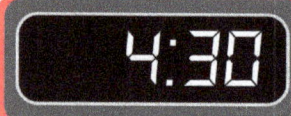 

MARCA LA RESPUESTA CORRECTA

3. ¿QUÉ RELOJ MARCA LAS 11 Y MEDIA?

5:30

MARCA LA RESPUESTA CORRECTA

1. ¿QUÉ RELOJ MARCA LAS 4 Y MEDIA?

4:30   8:30   3:30

☐   ☐   ☐

MARCA LA RESPUESTA CORRECTA

2. ¿QUÉ RELOJ MARCA LAS 10 Y MEDIA?

10:30   9:30   1:30

☐   ☐   ☐

MARCA LA RESPUESTA CORRECTA

3. ¿QUÉ RELOJ MARCA LAS 9 Y MEDIA?

7:30   9:30   3:30

☐   ☐   ☐

MARCA LA RESPUESTA CORRECTA

1. ¿QUÉ RELOJ MARCA LAS 6 Y MEDIA?

6:30	5:30	3:30
☐	☐	☐

MARCA LA RESPUESTA CORRECTA

2. ¿QUÉ RELOJ MARCA LAS 7 Y MEDIA?

6:30	7:30	5:30
☐	☐	☐

MARCA LA RESPUESTA CORRECTA

3. ¿QUÉ RELOJ MARCA LAS 9 Y MEDIA?

7:30	9:30	3:30
☐	☐	☐

MARCA LA RESPUESTA CORRECTA

RELOJES DIGITALES

1. ¿QUÉ RELOJ MARCA LAS 9 Y MEDIA?

5:30 10:30 9:30

MARCA LA RESPUESTA CORRECTA

2. ¿QUÉ RELOJ MARCA LAS 1 Y MEDIA?

1:30 7:30 5:30

MARCA LA RESPUESTA CORRECTA

3. ¿QUÉ RELOJ MARCA LAS 4 Y MEDIA?

4:30 10:30 1:30

MARCA LA RESPUESTA CORRECTA

RELOJES DIGITALES

1. ¿QUÉ RELOJ MARCA LAS 5 Y MEDIA?

5:30	10:30	9:30
☐	☐	☐

MARCA LA RESPUESTA CORRECTA

2. ¿QUÉ RELOJ MARCA LAS 1 Y MEDIA?

1:30	7:30	5:30
☐	☐	☐

MARCA LA RESPUESTA CORRECTA

3. ¿QUÉ RELOJ MARCA LAS 4 Y MEDIA?

4:30	10:30	1:30
☐	☐	☐

MARCA LA RESPUESTA CORRECTA

RELOJES DIGITALES

1. ¿QUÉ RELOJ MARCA LAS 9 Y MEDIA?

9:30	7:30	2:30
☐	☐	☐

MARCA LA RESPUESTA CORRECTA

2. ¿QUÉ RELOJ MARCA LAS 7 Y MEDIA?

4:30	10:30	7:30
☐	☐	☐

MARCA LA RESPUESTA CORRECTA

3. ¿QUÉ RELOJ MARCA LAS 10 Y MEDIA?

3:30	6:30	10:30
☐	☐	☐

MARCA LA RESPUESTA CORRECTA

RELOJES DIGITALES

1. ¿QUÉ RELOJ MARCA LAS 3 Y MEDIA?

3:30   11:30   4:30

MARCA LA RESPUESTA CORRECTA

2. ¿QUÉ RELOJ MARCA LAS 2 Y MEDIA?

5:30   3:30   2:30

 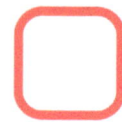 

MARCA LA RESPUESTA CORRECTA

3. ¿QUÉ RELOJ MARCA LAS 5 Y MEDIA?

4:30   2:30   5:30

MARCA LA RESPUESTA CORRECTA

RELOJES DIGITALES

1. ¿QUÉ RELOJ MARCA LAS 10 Y MEDIA?

6:30	10:30	5:30
☐	☐	☐

MARCA LA RESPUESTA CORRECTA

2. ¿QUÉ RELOJ MARCA LAS 4 Y MEDIA?

3:30	8:30	4:30
☐	☐	☐

MARCA LA RESPUESTA CORRECTA

3. ¿QUÉ RELOJ MARCA LAS 7 Y MEDIA?

7:30	6:30	9:30
☐	☐	☐

MARCA LA RESPUESTA CORRECTA

RELOJES DIGITALES

1. ¿QUÉ RELOJ MARCA LAS 7 Y MEDIA?

4:30	9:30	7:30
☐	☐	☐

MARCA LA RESPUESTA CORRECTA

2. ¿QUÉ RELOJ MARCA LAS 11 Y MEDIA?

8:30	11:30	1:30
☐	☐	☐

MARCA LA RESPUESTA CORRECTA

3. ¿QUÉ RELOJ MARCA LAS 8 Y MEDIA?

8:30	6:30	9:30
☐	☐	☐

MARCA LA RESPUESTA CORRECTA

RELOJES DIGITALES

1. ¿QUÉ RELOJ MARCA LAS 10 Y MEDIA?

MARCA LA RESPUESTA CORRECTA

2. ¿QUÉ RELOJ MARCA LAS 4 Y MEDIA?

MARCA LA RESPUESTA CORRECTA

3. ¿QUÉ RELOJ MARCA LAS 9 Y MEDIA?

MARCA LA RESPUESTA CORRECTA

RELOJES DIGITALES

1. ¿QUÉ RELOJ MARCA LAS 10 Y MEDIA?

MARCA LA RESPUESTA CORRECTA

2. ¿QUÉ RELOJ MARCA LAS 2 Y MEDIA?

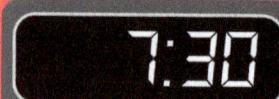  

MARCA LA RESPUESTA CORRECTA

3. ¿QUÉ RELOJ MARCA LAS 5 Y MEDIA?

MARCA LA RESPUESTA CORRECTA

Contraseña = ftr543

RELOJES DIGITALES

1. ¿QUÉ RELOJ MARCA LAS 3 Y MEDIA?

 3:30   9:30   11:30

☐   ☐   ☐

MARCA LA RESPUESTA CORRECTA

2. ¿QUÉ RELOJ MARCA LAS 4 Y MEDIA?

 1:30   10:30    4:30

☐   ☐   ☐

MARCA LA RESPUESTA CORRECTA

3. ¿QUÉ RELOJ MARCA LAS 8 Y MEDIA?

 4:30   11:30    8:30

☐   ☐   ☐

MARCA LA RESPUESTA CORRECTA

RELOJES DIGITALES

1. ¿QUÉ RELOJ MARCA LAS 7 Y MEDIA?

2:30   5:30   7:30

MARCA LA RESPUESTA CORRECTA

2. ¿QUÉ RELOJ MARCA LAS 12 Y MEDIA?

12:30   5:30   2:30

MARCA LA RESPUESTA CORRECTA

3. ¿QUÉ RELOJ MARCA LAS 11 Y MEDIA?

6:30   8:30   11:30

MARCA LA RESPUESTA CORRECTA

RELOJES DIGITALES

1. ¿QUÉ RELOJ MARCA LAS 5 Y MEDIA?

MARCA LA RESPUESTA CORRECTA

2. ¿QUÉ RELOJ MARCA LAS 9 Y MEDIA?

MARCA LA RESPUESTA CORRECTA

3. ¿QUÉ RELOJ MARCA LAS 8 Y MEDIA?

MARCA LA RESPUESTA CORRECTA

RELOJES DIGITALES

1. ¿QUÉ RELOJ MARCA LAS 6 Y MEDIA?

6:30	5:30	12:30
☐	☐	☐

MARCA LA RESPUESTA CORRECTA

2. ¿QUÉ RELOJ MARCA LAS 7 Y MEDIA?

2:30	10:30	7:30
☐	☐	☐

MARCA LA RESPUESTA CORRECTA

3. ¿QUÉ RELOJ MARCA LAS 3 Y MEDIA?

2:30	3:30	6:30
☐	☐	☐

MARCA LA RESPUESTA CORRECTA

RELOJES DIGITALES

1. ¿QUÉ RELOJ MARCA LAS 2 Y MEDIA?

MARCA LA RESPUESTA CORRECTA

2. ¿QUÉ RELOJ MARCA LAS 1 Y MEDIA?

  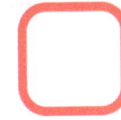

MARCA LA RESPUESTA CORRECTA

3. ¿QUÉ RELOJ MARCA LAS 6 Y MEDIA?

MARCA LA RESPUESTA CORRECTA

RELOJES DIGITALES

1. ¿QUÉ RELOJ MARCA LAS 9 Y MEDIA?

5:30	2:30	9:30
☐	☐	☐

MARCA LA RESPUESTA CORRECTA

2. ¿QUÉ RELOJ MARCA LAS 5 Y MEDIA?

1:30	9:30	5:30
☐	☐	☐

MARCA LA RESPUESTA CORRECTA

3. ¿QUÉ RELOJ MARCA LAS 1 Y MEDIA?

1:30	6:30	11:30
☐	☐	☐

MARCA LA RESPUESTA CORRECTA

RELOJES DIGITALES

1.¿QUÉ RELOJ MARCA LAS 7 Y MEDIA?

MARCA LA RESPUESTA CORRECTA

2. ¿QUÉ RELOJ MARCA LAS 9 Y MEDIA?

 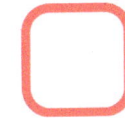 

MARCA LA RESPUESTA CORRECTA

3. ¿QUÉ RELOJ MARCA LAS 4 Y MEDIA?

MARCA LA RESPUESTA CORRECTA

RELOJES DIGITALES

1. ¿QUÉ RELOJ MARCA LAS 10 Y MEDIA?

MARCA LA RESPUESTA CORRECTA

2. ¿QUÉ RELOJ MARCA LAS 5 Y MEDIA?

MARCA LA RESPUESTA CORRECTA

3. ¿QUÉ RELOJ MARCA LAS 3 Y MEDIA?

MARCA LA RESPUESTA CORRECTA

1. ¿QUÉ RELOJ MARCA LAS 6 Y MEDIA?

5:30	6:30	7:30
☐	☐	☐

MARCA LA RESPUESTA CORRECTA

2. ¿QUÉ RELOJ MARCA LAS 9 Y MEDIA?

7:30	11:30	9:30
☐	☐	☐

MARCA LA RESPUESTA CORRECTA

3. ¿QUÉ RELOJ MARCA LAS 11 Y MEDIA?

11:30	3:30	10:30
☐	☐	☐

MARCA LA RESPUESTA CORRECTA

RELOJES DIGITALES

1. ¿QUÉ RELOJ MARCA LAS 4 Y MEDIA?

MARCA LA RESPUESTA CORRECTA

2. ¿QUÉ RELOJ MARCA LAS 7 Y MEDIA?

 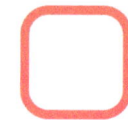 

MARCA LA RESPUESTA CORRECTA

3. ¿QUÉ RELOJ MARCA LAS 5 Y MEDIA?

MARCA LA RESPUESTA CORRECTA

RELOJES DIGITALES

1. ¿QUÉ RELOJ MARCA LAS 1 Y MEDIA?

1:30	6:30	10:30
☐	☐	☐

MARCA LA RESPUESTA CORRECTA

2. ¿QUÉ RELOJ MARCA LAS 2 Y MEDIA?

2:30	9:30	11:30
☐	☐	☐

MARCA LA RESPUESTA CORRECTA

3. ¿QUÉ RELOJ MARCA LAS 10 Y MEDIA?

10:30	12:30	3:30
☐	☐	☐

MARCA LA RESPUESTA CORRECTA

RELOJES DIGITALES

1. ¿QUÉ RELOJ MARCA LAS 7 Y MEDIA?

12:30   4:30   7:30

MARCA LA RESPUESTA CORRECTA

2. ¿QUÉ RELOJ MARCA LAS 6 Y MEDIA?

6:30    7:30    8:30

 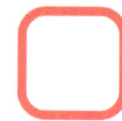 

MARCA LA RESPUESTA CORRECTA

3. ¿QUÉ RELOJ MARCA LAS 3 Y MEDIA?

2:30    12:30    3:30

MARCA LA RESPUESTA CORRECTA

RELOJES DIGITALES

1. ¿QUÉ RELOJ MARCA LAS 4 Y MEDIA?

12:30	4:30	3:30
☐	☐	☐

MARCA LA RESPUESTA CORRECTA

2. ¿QUÉ RELOJ MARCA LAS 2 Y MEDIA?

9:30	2:30	4:30
☐	☐	☐

MARCA LA RESPUESTA CORRECTA

3. ¿QUÉ RELOJ MARCA LAS 8 Y MEDIA?

4:30	12:30	8:30
☐	☐	☐

MARCA LA RESPUESTA CORRECTA

RELOJES DIGITALES

1. ¿QUÉ RELOJ MARCA LAS 11 Y MEDIA?

MARCA LA RESPUESTA CORRECTA

2. ¿QUÉ RELOJ MARCA LAS 5 Y MEDIA?

MARCA LA RESPUESTA CORRECTA

3. ¿QUÉ RELOJ MARCA LAS 12 Y MEDIA?

MARCA LA RESPUESTA CORRECTA

RELOJES DIGITALES

1. ¿QUÉ RELOJ MARCA LAS 4 Y MEDIA?

3:30	4:30	7:30
☐	☐	☐

MARCA LA RESPUESTA CORRECTA

2. ¿QUÉ RELOJ MARCA LAS 7 Y MEDIA?

7:30	8:30	11:30
☐	☐	☐

MARCA LA RESPUESTA CORRECTA

3. ¿QUÉ RELOJ MARCA LAS 10 Y MEDIA?

4:30	6:30	10:30
☐	☐	☐

MARCA LA RESPUESTA CORRECTA

RELOJES DIGITALES

1. ¿QUÉ RELOJ MARCA LAS 2 Y MEDIA?

MARCA LA RESPUESTA CORRECTA

2. ¿QUÉ RELOJ MARCA LAS 3 Y MEDIA?

MARCA LA RESPUESTA CORRECTA

3. ¿QUÉ RELOJ MARCA LAS 9 Y MEDIA?

MARCA LA RESPUESTA CORRECTA

CPSIA information can be obtained
at www.ICGtesting.com
Printed in the USA
BVHW091857170919
558656BV00014BA/789/P